AF298078

avorter le projet et les porta à inciter avec plus d'acharnement le peuple à persécuter les Babystes au point que beaucoup de ces derniers ont opté pour la nationalité ottomane afin d'échapper aux coups de leurs ennemis.

Les choses s'envenimaient tous les jours davantage à mesure que les Babystes devenaient de taille à se défendre. Bahaoullah craignant un soulèvement des uns contre les autres, malgré ses recommandations aux Babystes de se tenir toujours calmes, pria l'Ambassadeur de Perse à Constantinople d'aviser. Les Ulémas de leur côté ne cessaient pas d'envoyer des rapports au Gouvernement de Perse contre les Babystes.

Cet état continua quelque temps encore et finalement, sur la demande de la Perse, à l'Empire Ottoman, Bahaoullah fut mandé à Constantinople.

En quittant Bagdad, Bahaoullah se rendit tout près dans le jardin de Negib Pacha où il resta douze jours, du 3 au 14 zilkéde 1279 = du 21 avril au 2 mai 1863. Pendant ces douze jours il proclama pour la première fois ses enseignements à ses amis.

Après quelques mois de séjour à Constantinople, on l'envoya à Andrinople qu'il appela « Terre du mystère ». Il y arriva en rajab 1280 = décembre 1863, et déclara tout de suite à qui voulait l'entendre qu'il est l'Educateur du monde attendu par le monde. C'est là qu'il écrivit ses missives dans ce sens à Pie IX, à Napoléon III, à la Reine Victoria, au sultan Abdulaziz, à Nasser-el-Din Shah, etc, etc., et attendit le moment opportun pour les leur envoyer.

Les Babystes dont les persécutions n'avaient servi qu'à en augmenter le nombre, prenaient par masses le nom de Bahais. De nouvelles conversions se faisaient même parmi les partisans de Zoroastre, les chrétiens et les Juifs que les persécutions atroces depuis les premiers temps de l'Islam jusqu'à nos jours n'avaient pas fait

Gabriel SACY

DU RÈGNE DE DIEU

et de l'Agneau

Connu sous le nom de Babysme

Se trouve chez l'Auteur
AU CAIRE

PRÉFACE

Tous les principes sublimes sont périssables et éphé-
mères, ce ne sont même que des préjugés que l'on pourrait
comparer aux mirages que nous voyons dans les plaines
ou sur la mer, sauf le principe divin, la loi divine, les pen-
sées divines, la sagesse divine, la parole divine.

Réfléchissons à ce qui s'est passé depuis l'avènement
de Notre-Seigneur Jésus-Christ. Que de sages habiles, de
philosophes justes, d'écrivains illustres, de grands pen-
seurs, d'hommes aux grands desseins, de grandes
figures de siècles et d'époques ! Eh bien, ils sont venus,
et s'en sont allés ; on n'entend plus l'écho de leur voix ni
même parler d'eux.

Par contre le principe divin, la loi divine que Notre-
Seigneur Jésus-Christ a expliquée et établie est d'une
stabilité éternelle, d'une trace indélébile, sa base est
ferme, ses fondements solides, les calamités des temps
ne sauraient l'ébranler, les siècles et les âges ne sauraient
y apporter le moindre relâchement.

Cherchons donc à élever une bâtisse dans le ciel, à
allumer un flambeau dans le monde élevé, car les hommes
de la terre aiment les ténèbres sombres des nuits noires.

Ne nous laissons pas séduire par leur agitation et leurs
vagues, ce ne saurait être que le cliquet d'un moulin
sans blé qui ne fait que de la poussière ainsi que le
démontre l'histoire des siècles passés.

DU RÈGNE DE DIEU

et de l'Agneau

CONNU SOUS LE NOM DE BABYSME

Chrétiens ou Israélites, Musulmans ou autres, nos livres sacrés annoncent tous la venue du Messie et l'établissement du règne de Dieu.

Pour quelle date sa venue est-elle annoncée et quels sont les signes qui doivent la précéder, l'accompagner ou la suivre ?

« Pour ce qui est de ce jour et de cette heure, personne ne le sait, non pas même les anges qui sont dans le ciel, ni même le Fils, mais seulement le Père ». (S. Marc, XIII, 32.)

Mais le Père avait, dans sa miséricorde, annoncé la date de la venue antérieure de Notre-Seigneur Jésus-Christ. « Soixante-dix semaines ont été fixées sur ton peuple et sur ta ville sainte pour... accomplir la vision et oindre le saint des saints, sache et comprends que depuis que l'ordre aura été donné de reconstruire Jérusalem jusqu'au Christ, le chef, il se sera passé 7 semaines et 62 semaines... après, le Christ sera tué... et à l'aile du Temple, il y aura l'abomination qui cause la désolation et jusqu'à l'anéantissement déterminé à l'avance la colère de Dieu s'abattra sur la désolation ». (Daniel, IX, 24-27.)

L'Eglise compte, ainsi que le permet la Bible d'ailleurs (Nombres, XIV, 34; Ezéchiel IV, 6), chacun des jours de ces 70 semaines pour une année et nous trouvons ainsi que la prophétie s'est réalisée exactement à la date indiquée. En effet, l'ordre de la reconstruction a été donné en l'an 20 du règne d'Artaxercès (Néhémie, ii, 1) c'est-à-dire l'an 299 de la fondation de Rome ou l'an 456 avant Jésus-Christ qui a été crucifié dans sa 34e année. Ce qui fait 456 + 34 = 490 ou 70 × 7.

Donc le Fils de Dieu qui devait cependant être, il y a dix-neuf siècles, la « pierre d'achoppement » (1 Ep. saint Pierre, ii, 7) est né en l'an 456 de la date de l'ordre de reconstitution donné par Artaxercès (Baliman, petit-fils de Kushtasseb), ainsi que cela avait été prédit par Daniel, et il n'est pas permis de supposer que la date de son retour sur la terre en vue du jugement dernier et de l'établissement du règne de son Père, ne soit pas annoncée. Elle l'a été en effet et avec beaucoup plus d'éclat ainsi que nous allons le constater.

« Et cet évangile du royaume de Dieu sera prêché par toute la terre pour servir de témoignage à toutes les nations ; et alors, la fin arrivera. Quand donc vous verrez dans le lieu saint l'abomination qui cause la désolation et dont le prophète Daniel a parlé — que le lecteur comprenne ! » (S. Matth., xxiv, 14-15.)

Voyons comment en parle Daniel : « Jusqu'à quand durera cette vision touchant le sacrifice continuel et le péché qui cause cette désolation, et jusqu'à quand le sanctuaire et l'armée continueront à être foulés aux pieds ? Et il me dit : jusqu'à 2.300 soirs et matins ; puis le sanctuaire sera purifié ». (viii, 13-14.)

Ces 2.300 jours (années) courent évidemment de la date dudit ordre d'Artaxercès pour aboutir au retour du Christ en vue de la purification du sanctuaire qui était souillé, puisque Daniel qui en parle a déjà pris cette date comme point de départ pour annoncer la venue antérieure du Fils de Dieu et que celui-ci fait allusion à ce verset en réponse à cette question des disciples : « Dis-nous quand ces choses arriveront et quel sera le signe de ton avènement et de la fin du monde ». (S. Matth., XXIV, 3.)

Ce chiffre nous ramène à l'an 1844 de notre ère (2300-456) ou l'an 1260 de l'hégire du Prophète Mahomet dont les Khalifes (successeurs) ont conquis et occupent jusqu'à aujourd'hui la Terre-Sainte, accomplissant ainsi les vues arrêtées de toute éternité par Dieu.

« Mais laisse le parvis qui est hors du temple, et ne le mesure point, car il est abandonné aux peuples, et ils fouleront aux pieds la sainte cité pendant 42 mois. Je ferai lever mes deux témoins (Mahomet et Aly) et ils prophétiseront pendant 1260 jours vêtus de sacs..... Et le septième ange (Le Bab, Mirza Aly Mohamed) sonna de la trompette. Alors, de grandes voix ont été entendues dans le ciel disant : Le royaume du monde est devenu à Notre-Seigneur et à son Christ qui règnera aux siècles des siècles..... Alors le temple de Dieu s'ouvrit dans le ciel et l'arche de son alliance apparut dans son temple ». (Apocalypse de saint Jean, XI.)

« Il (Dieu) conduira la (cette) religion du ciel à la terre et puis elle remontera à Lui dans un jour dont la durée est de mille ans de votre comput ». (Coran, XXXII, 4.)

Chez les musulmans ce sont les douze Imams qui ont édifié l'Islamisme, comme les apôtres, le christianisme. Le premier est l'Imam Aly, gendre du Prophète et son onzième descendant est l'Imam Mohamed, fils de l'Imam Hassan-el-Askari, mort ainsi que son père en l'an 260 de l'hégire. Ce qui fait 1000+260.

La tradition cite que Abou Giafar a dit à Abou Labid-el-Makhzoumi : « J'ai une connaissance abondante de la signification des lettres détachées qui sont placées au commencement de quelques chapitres du Coran. Au bout de la période indiquée par la valeur de ces lettres, se manifeste toujours un descendant de la famille de Hachim. Ainsi, au bout de la valeur de Alef, Lam, Mim Sad = 161 (chapitre VI), s'est levé Hussein et ainsi de suite jusqu'au chap. XIII se manifestera notre Mahdi etc.

En additionnant la valeur de ces lettres jusqu'au chap. XIII indiqué on trouve 1267.

On sait que la mission de Mahomet ne commence pas à partir de l'hégire, mais 7 ans auparavant lorsqu'il a reçu l'ordre de s'annoncer. « Prêche tes plus proches parents ». (Coran XXVI, 214.) « Fais-donc connaître ce que l'on t'a ordonné et éloigne-toi des idolâtres ». (Coran, XV, 94.)

Je suis loin d'avoir épuisé le sujet mais je m'en arrête là, parce que, quelle que soit l'exactitude avec laquelle cette date ait été annoncée elle ne constitue pas la preuve la plus évidente de l'établissement du règne de Dieu. Il est bon toutefois de faire remarquer que la date de la venue de Notre-Seigneur Jésus-Christ il y a dix-neuf siècles, pas plus qu'aucune manifestation divine antérieure ou postérieure, n'a eu les mêmes honneurs. « Et la lumière de la lune sera comme la lumière du soleil, et la lumière du soleil sera aussi grande comme si c'était la lumière de sept jours, au jour que l'Éternel aura bandé la plaie de son peuple, et qu'il aura guéri la blessure de sa plaie ». (Esaïe, XXX, 26.) C'est là, l'un des signes particuliers au règne de Dieu, mais parlons d'abord des signes communs à tous les règnes.

« Et le matin, vous vous dites : Il y aura aujourd'hui de l'orage car le ciel est rouge et sombre. Vous savez bien discerner l'apparence du ciel et vous ne pouvez pas discerner les signes des temps ! » (S. Matth., XVI, 3.)

C'est aux pharisiens bien entendu que Notre-Seigneur Jésus-Christ parla ainsi à cause de leur hypocrisie, mais à ses disciples qui lui ont demandé humblement quels sont ces signes, il les leur a indiqués en termes voilés qui seront clairement expliqués le jour où « sortira du trône de Dieu et de l'Agneau, limpide comme le cristal, la rivière de l'eau de la vie. » (Ap. S. Jean, XXII, 1.)

« Et aussitôt après l'affliction de ces jours-là, le soleil s'obscurcira, la lune ne donnera point de lumière, les étoiles tomberont du ciel, et les puissances du ciel seront ébranlées. Alors le signe du Fils de l'homme paraîtra dans le ciel, alors aussi toutes les tribus de la terre se lamenteront et verront le Fils de l'homme venir sur les nuées du ciel avec une grande puissance et une grande gloire. Il enverra ses anges avec un grand son de trompette ». (S. Matth., XXIV, 29-31.)

« Et aussitôt après l'affliction de ces jours-là. »

Le Verbe qui est la vraie lumière du monde (S. Jean, VIII, 12) se manifeste lorsque la religion en vigueur est au bout de son déclin et notre soleil qui se lève à la fin de la nuit, si on peut parler ainsi, n'est qu'une image de la réalité.

Le monde étant plongé dans les ténèbres, le pouvoir tombe entre les mains des ignorants qui gèrent les hommes et les choses d'après leurs vues étroites. La connaissance de Dieu qui est le but de la création de l'homme a fait son temps. Le savoir fait place au doute et la lettre est substituée à l'esprit. L'intérêt particulier a le pas sur l'intérêt général et chacun s'éloigne de plus en plus de la voie droite, croyant que c'est ce qu'il y a de mieux à faire.

Le Verbe parle et répand la vie de tous côtés, mais les grands du jour ne s'en doutent pas et, en tous cas, ils se gardent bien de l'approcher. Ils ont les honneurs et le bien-être et en l'écoutant, ils peuvent les perdre et même risquer la vie. Ils savent depuis longtemps que l'honnêteté n'est pas le moyen le plus sûr d'arriver au succès.

Un homme éclairé verrait facilement que des tigres sont en train de dévorer à belles dents les cadavres. « Et à force d'iniquités le sentiment de l'amour se refroidit chez la plupart ». (S. Matth., XXIV, 12.) Peut-on concevoir un état de malaise général plus aigu ? C'est bien ce qu'on appelle avec raison « The struggle for life ».

Les reproches que Notre-Seigneur Jésus-Christ a faits aux pharisiens de son temps s'adressent aux pharisiens de tous les temps et donnent une idée de la triste situation dans laquelle on se trouve à l'approche de chaque règne.

« Le soleil s'obscurcira, la lune ne donnera point de lumière et les étoiles tomberont du ciel. »

Les Prophètes ont donné aux mots « soleil et lune » des significations différentes selon les sujets qu'ils traitaient.

Ainsi, ils ont employé le mot soleil pour dire Messie, lumière du monde. En effet, les Messies sont des émanations divines répandant la vie sur toutes choses et de même que c'est grâce à l'astre du jour que la vie élémentaire est entretenue dans les trois règnes terrestres, c'est au Messie que les hommes doivent de connaître Dieu, c'est-à-dire de vivre de la vie éternelle. Le soleil visible n'est en réalité qu'une émanation du Verbe que rien n'égale et auquel tout revient. « Tout a été fait par lui et rien de ce qui a été fait, ne l'a été en dehors de Lui ». (S. Jean, 1, 3.)

Donc les mots soleil, lune, étoiles sont employés en premier lieu pour dire messies, prophètes ou leurs premiers amis ou disciples qui transmettent aux hommes les vérités qu'ils en reçoivent. Ils veulent dire en second lieu les ministres de l'ancienne religion en fonctions pendant l'époque où la nouvelle manifestation divine se produit: Ces ministres sont des soleils, des lunes ou des étoiles selon la position plus ou moins haute qu'ils occupent dans la société. Ils deviennent des élus ou des réprouvés selon qu'ils admettent ou rejettent les nouveaux commandements. « Le soleil et la lune sont dans le châtiment. » (Coran, LV, 4.)

Ces mots s'appliquent aussi aux principaux commandements des religions, tels que la prière et le jeûne en raison de leur élévation.

Comme les formes de dévotion, celles de la prière surtout, sont modifiées chaque fois par le Verbe lors de sa manifestation selon les convenances de l'époque, les anciennes formes sont abrogés. C'est là l'un des sens du verset : « Le soleil s'obscurcira, la lune ne donnera point de lumière et les étoiles tomberont du ciel. »

« Et les puissances du ciel seront ébranlées. »

Que veut-il bien dire par cette phrase puisqu'il dit un peu plus loin : « Que jusqu'au jour où Il viendra, les hommes mangeront, se marieront, etc., comme au temps de Noé lors de son entrée dans l'Arche. » (S. Mat., XXIV, 38.)

Réfléchissons un peu à ce qui s'est passé au temps de Notre-Seigneur Jésus-Christ. Les Juifs vivaient depuis quinze siècles dans l'atmosphère de la loi de Moïse, ils ne reconnaissaient pas d'autre loi divine ; ils n'entendaient parler que des prodiges que Dieu avait faits pour les délivrer de l'esclavage des Pharaons ; ils savaient qu'en se conformant à cette loi, ils étaient arrivés à l'apogée de leur gloire et qu'ils ont été punis pour y avoir dérogé, ainsi que le leur avait prédit Moïse ; et voilà que Jésus qui ne se distinguait en rien des autres hommes, vient interdire ce que Moïse leur avait permis de la part de Dieu et permettre ce qu'il leur avait interdit. Cet homme, dont le père leur est inconnu, établit une nouvelle doctrine malgré eux par la seule force de sa parole. Ils lui font toutes sortes d'outrages qu'il subit avec une résignation parfaite tout en se déclarant le Fils de Dieu. Un petit nombre de Juifs et de Gentils quittent la foi de leurs pères et le suivent. Illettrés jusque là, ils arrivent dans la suite à répandre à profusion la lumière autour d'eux. Les premiers fidèles atteignent le seuil de la sagesse divine, de la science vivante et une civilisation nouvelle, supérieure à ses aînées, est créée. « Mais si tu renvoies ton esprit, ils seront créés de nouveau et tu renouvelles la face de la terre. » (Ps. c111, 30.)

Mais pour renouveler la face de la terre, il a bien fallu que les Puissances du ciel soient ébranlées parce qu'on ne remplace pas, sans choc, des croyances admises depuis des siècles par des principes nouveaux, surtout que celui qui provoque ce changement passe pour un assassin comme Moïse ou un homme dont le père est inconnu comme Jésus. C'est là des nuages qui servent à distinguer les élus des réprouvés. La vertu des premiers attire la grâce qui permet de déchirer ces nuages pour arriver à la source de la Lumière, de même que la méchanceté des autres est un obstacle à cette grâce.

Toutes les fois que le Verbe se manifeste, il répand la vie sur toute la terre jusqu'aux minéraux. Chaque chose en profite selon son pouvoir. Il est des hommes qui absorbent de cette vie et voient d'où elle leur vient et d'autres qui en absorbent inconsciemment. Tout le corps profite de la lumière du soleil, mais l'œil profite et voit tandis que le pied profite sans voir. Ceux-là qui voient suffisamment la source de la lumière divine atteignent par ce moyen le seuil de la sagesse ou de la science vivante inaccessible aux autres.

Nous voyons la lumière et, par ce moyen, ce qui nous entoure. L'éclosion de ces hommes, obscurs jusque là, est aussi un des signes communs à chaque manifestation divine, mais l'établissement d'une nouvelle religion est le cachot même de la vérité ou sans cela il n'y aurait pas moyen de la distinguer du mensonge « Si tu dis en ton cœur : comment pourra-t-on reconnaître la parole que l'Eternel n'aura point dite. Si le Prophète parle au nom de l'Eternel et que sa parole ne se sera point réalisée n vérifiée, ce sera là une parole que l'Eternel n'aura point dite. » (Deut., XVIII, 21–22.)

> « Alors le signe du Fils de l'homme paraîtra dans le ciel. »

L'apparition d'une étoile dans le ciel (S. Matth., II, 2) n'est pas particulière à la manifestation de N.-S. Jésus-Christ; elle a lieu toutes les fois que le Verbe se manifeste, de même que chaque manifestation est précédée d'un précurseur sur la terre qui l'annonce comme saint Jean-Baptiste pour N.-S. Jésus-Christ.

Si l'histoire ne nous renseigne pas suffisamment sur l'apparition au ciel de l'étoile qui a annoncé la naissance d'Abraham ou de Moïse, nous pouvons compter du moins sur nos astronomes modernes pour savoir s'il est apparu telle étoile nouvelle en 1844.

> « Alors toutes les tribus de la terre se lamenteront. »

C'est-à-dire que la lettre s'étant substituée à l'esprit dans la religion établie, même chez les ministres de cette religion, il en est résulté le chaos dont tous les peuples souffrent. Le doute est à l'esprit de chacun et il ne sait à qui s'adresser pour le dissiper et avoir la tranquillité de l'âme.

> « Et verront le fils de l'homme venir sur les nuées du ciel avec une grande puissance et une grande gloire. »

Notre-Seigneur Jésus-Christ a dit : « Car je suis descendu du ciel » (S. Jean, VI, 38) et nous savons qu'il est né de la Vierge Marie. Donc le Verbe se fera toujours chair ou sinon comment pourrions-nous le prendre pour modèle et même l'approcher? Il vient cependant surtout pour nous mettre sur la voie du salut, c'est-à-dire, nous faire des lois civiles et morales qui assurent notre bonheur. Le mot ciel employé ici donne tout simplement une idée des hautes régions d'où il vient et vers lesquelles nous serons élevées en suivant les lois qu'il nous aura données. En nous détachant du monde, de tout ce que nous aurons appris des hommes pour nous attacher exclusivement à Dieu, au Verbe, nous arrivons au savoir. Il en est de deux sortes, celui qui nous vient du Verbe, source de toute lumière, et celui qui nous vient de l'éloignement de la lumière, de Satan, du camp opposé. Le premier produit les inspirations divines, et l'autre, les tentations au mal. Les fruits du premier sont la patience, l'élévation de l'âme, l'amour, et les fruits de l'autre sont l'orgueil, le vice, la haine. Toujours les deux principes du bi n et du mal. Ce dernier est la négation du premier comme la mort est la négation de la vie, l'obscurité est le manque de lumière.

Les « nuées » sur lesquelles le Fils de l'homme vient du ciel sont aussi les enseignements contraires aux croyances enracinées, comme l'abolition de la sanctification du sabbat par Notre-Seigneur Jésus-Christ. Pensez aux hauts cris jetés par les Juifs lorsqu'il a osé faire un acte de guérison le jour du sabbat. Ce mot signifie également la stupéfaction de constater qu'un homme sujet aux maladies, à la faim, au sommeil, etc. se dit Verbe de Dieu et établit une nouvelle doctrine ; que des hommes sans instruction, sitôt qu'ils l'ont suivi, deviennent en matière religieuse, plus savants que les ministres de la religion établie depuis des siècles, etc., etc. Autant de voiles qu'il faut déchirer pour arriver à connaître le Verbe, ou de moyens qui permettent de distinguer les élus des réprouvés. En effet, si Notre-Seigneur Jésus-Christ était venu sur les nuées du ciel que nous voyons, et avec une grande puissance et une grande gloire matérielles, qui des Juifs ou des payens aurait osé le méconnaître et comment les justes auraient-ils été distingués des méchants ?

« Il enverra ses anges avec un grand son de trompette. »

Ce ne sont que les hommes que le Verbe choisit parmi les élus pour propager à travers le monde sa nouvelle doctrine.

Telle est en partie, l'explication des signes communs à toutes les manifestations divines cités ci-dessus. Il y en a sûrement d'autres cités ailleurs que je ne connais pas ou au sujet desquels je ne crois pas devoir m'étendre afin de ne pas trop dépasser les limites d'un discours, comme par exemple, l'apparition de l'antéchrist toutes les fois que le Verbe se manifeste. Je tiens cependant à faire remarquer à cette occasion que contrairement à ce qui s'est passé dans toutes les manifestations antérieures, au jour de Dieu, c'est le Verbe qui terrassera, avant de s'élever au ciel, son ennemi principal, son Caïphe. « Et le Seigneur l'anéantira par le souffle de sa bouche et l'éclat de sa venue. » (2 Thessal., ii, 8.) Il ne bridera cependant pas pour un temps indéfini ce principe du mal. « Et lorsqu'il se sera passé mille ans, Satan sera délié de sa prison ». (Apoc., xx, 7.) Mais pendant cette période, c'est le principe du bien qui prévaudra. « Et vous foulerez les méchants... au jour que j'agirai a dit l'Eternel des armées ». (Malachie, iv, 3.)

Autant de signes particuliers au règne de Dieu et de l'Agneau. Continuons :

1° « Voici, je vais vous envoyer Elie le Prophète avant que le jour grand et redoutable de l'Eternel vienne. » (Malachie, iv, 5.)

Le précurseur de Notre-Seigneur Jésus-Christ s'appelait Jean, et celui du jour de Dieu doit s'appeler « Elie » (Aly). Il est vrai que l'un est l'autre à un point de vue comme le soleil d'aujourd'hui est celui d'hier ou telle rose de cette année est celle de l'année dernière.

« Et l'ange jura par celui qui vit aux siècles des siècles, qui a créé le ciel et les choses qui y sont, la terre et les choses qui y sont, et la mer et les choses qui y sont qu'il n'y aurait plus de temps ; mais qu'au jour où le septième ange ferait entendre sa voix le mystère de Dieu serait accompli comme il l'a déclaré à ses prophètes. » (Apoc., x, 6-7.)

Le septième ange donc sonna de la trompette et de grandes voix se firent entendre dans le ciel qui disaient : Les royaumes du monde sont soumis à notre Seigneur et à son Christ et il règnera aux siècles des siècles. » (Ap., xi, 15.)

« Et Dieu eut achevé au septième jour l'œuvre qu'il avait faite et se reposa au septième jour de toute l'œuvre qu'il avait faite. » (Gen. ii, 2.)

L'homme, au septième jour de la création, est arrivé à l'état normal, c'est-à-dire à même d'appliquer la loi universelle qu'il aura reçue de Dieu.

Au premier jour Dieu créa Adam à son image. C'était le premier hommé né de l'Esprit.

Au deuxième, Noé transmit l'Esprit à ceux de sa famille qui y étaient préparés. Ils sont donc entrés dans l'arche qu'il avait bâtie, les autres sont restés sans guide, c'est-à-dire qu'ils ont été emportés par le déluge.

Au troisième, Abraham guida sa Tribu. Il devint par ce fait le père du peuple élu, Israël.

Au quatrième, Moïse donna la loi écrite à son peuple. La civilisation était créée.

Au cinquième, Jésus fit de beaucoup de peuples les enfants de Dieu. Il fallait préparer l'humanité pour le règne de son Père qu'il établira lui-même d'ailleurs.

Au sixième, Mahomet le Prophète (S. Jean, i, 25; vii, 40; Deut., xviii, 18; Apocal., xix, 11) acheva cette préparation et expliqua aux siens ce que les contemporains de Jésus n'étaient pas à même de comprendre. (S. Jean, xvi, 12.)

Au septième jour, l'Evangile du royaume de Dieu est prêché par toute la terre, pour servir de témoignage à toutes les nations, la fin est donc arrivée (S. Matth., xxiv, 14); Elie, le septième ange, sonne de sa trompette et

Dieu ayant achevé les cieux, la terre et toute leur armée (Gen., ii, 1) s'assied sur son trône pour vivifier l'humanité et la rendre unie tout entière.

« Ce jour-là ne viendra point jusqu'à ce qu'on ne soit revenu comme on était... et que celui qui n'a point de loi n'ait paru. Alors le Seigneur Jésus l'anéantira par le souffle de sa bouche et l'abolira par l'éclat de son avènement ». (2 Thessal., ii, 3 et 8.)

II. « Et il arrivera aux derniers jours que la montagne de la maison de l'Eternel sera affermie au sommet des montagnes, et élevée par-dessus les coteaux, et toutes les nations y aborderont... Et l'Eternel exercera les jugements parmi les nations... qui forgeront leurs épées en hoyaux et leurs hallebardes en serpes. » (Esaïe, ii, 2 et 4.) L'équité habitera dans le lieu qui avait été désert et la justice reposera en Carmel. » (Esaïe, xxxii, 16.)

La montagne sur laquelle la maison de l'Eternel sera bâtie s'appellera la montagne de la maison de l'Eternel. Toutes les nations se rendront en pèlerinage à ce nouveau Saint Sépulcre, et c'est pourquoi la montagne sur laquelle il est bâti, sera très élevée aux yeux de tout le monde, très vénérée. Le mont Carmel a de tout temps été vénéré. La Terre-Sainte porte le nom de pays de Carmel (Jérémie, ii, 7) et le Carmel portera le nom de « montagne de la maison de l'Eternel ».

La dernière partie de la prophétie citée ci-dessus a déjà eu aussi un commencement d'exécution par la noble démarche du Tsar Nicolas II et la création de la Cour d'arbitrage.

III. « Et je mettrai mon trône dans Hélam (Perse et Médée) et je détruirai les rois et les principaux, a dit l'Eternel, mais il arrivera qu'aux derniers jours, je ferai retourner les captifs de Hélam » (Jér., xlix, 38, 39.)

« Car comme un éclair sort de l'orient et se fait voir à l'occident, il en sera aussi de même de la venue du Fils de l'homme. » (S. Matth., xxiv, 27.)

« Je m'en irai et retournerai en mon lieu jusqu'à ce qu'ils (les Juifs) aient été châtiés et qu'ils aient réclamé ma face. » (Osée, v, 15.)

Donc, il viendra d'un pays qui se trouve à l'Est de la Terre-Sainte.

Le jour où Celui qui appelle fera entendre sa voix s'élevant d'un lieu voisin, prêtes-y l'oreille. Le jour où vous entendrez le cri de la Vérité, ce jour-là est celui de la résurrection. (Coran, chap. L, 41.)

Voilà ce qui a été dit par la bouche de Mahomet en Arabie, et la Terre-Sainte en est la contrée la plus rapprochée.

« Et vous saurez que je suis l'Éternel, votre Dieu qui habite en Sion, montagne de ma sainteté. » (Joel, iii, 17.).

« Je regardai ensuite et je vis l'Agneau qui était sur la montagne de Sion et avec lui 144.000 personnes ayant son nom et le nom de son Père écrit (au singulier) sur leurs fronts... Ce sont ceux qui ont été rachetés d'entre les hommes pour être les prémices à Dieu et à l'Agneau. » (Apoc., xiv, 1 et 4.)

« Pour l'amour de Sion je ne me tairai point... jusqu'à ce que sa délivrance s'allume comme une lampe... et toi Sion tu porteras un nouveau nom que la bouche de l'Éternel aura désigné. On ne t'appellera plus la Répudiée et on ne donnera plus à ta terre le nom de Désolation. On t'appellera la Recherchée, la ville qui n'est plus abandonnée. » (Esaïe, LXII, 1, 2, 4 et 12).

Donc l'Éternel changera le nom du pays de Carmel et celui de la ville qu'il habitera dans ce pays. On se rappelle que Daniel avait donné à ce pays le nom de « Désolation. »

« Voici la bénédiction que donna Moïse aux enfants d'Israël : l'Éternel est venu de Sinaï (Moïse), et a resplendi pour eux de Séïr (Jésus, de Séïr en la terre sainte) et s'est manifesté de la montagne de Faran (Môhamet d'une montagne en Arabie) et est arrivé des collines de Jérusalem (au jour de Dieu) ayant à sa droite le feu d'une loi pour eux ». (Deut., xxxiii, 1, 2.)

IV. « Et dans toute leur détresse (Juifs), Il a été en détresse et l'ange de sa face les a délivrés. Par son amour et sa pitié, il les a rachetés et pendant tous les temps anciens il les a élevés et s'est chargé d'eux (Moïse et les Prophètes juifs avant et après lui) mais ils ont été rebelles et ont affligé son Esprit-Saint (Jésus). Alors, il est devenu leur ennemi et leur a fait la guerre (c'est Mahomet dont il est parlé au commencement de ce même chapitre. Le Coran et l'histoire confirment ce fait). Ensuite, il s'est souvenu, des temps anciens, de Moïse et de son peuple ». (Isaïe, lxiii, 9, 10 et 11.)

« Pendant leur détresse, ils (Juifs) se hâteront de venir à moi et diront : Revenons à l'Eternel, car il déchire et guérit, frappe et bande les plaies. Il nous donnera la vie après deux jours et nous ressuscitera au troisième jour, et nous vivrons en sa présence ». (Osée, vi, 1, 2, 3.)

Les deux jours sont le règne de Jésus et celui de Mahomet, et le troisième est celui du Bab pendant lequel la vie est revenue à des Juifs à la suite de l'expiation de leurs péchés.

« Nous avons annoncé cet arrêt aux enfants d'Israël dans le Livre : Vous commettrez deux fois des iniquités sur la terre (contre Jésus et Mahomet) et vous vous élèverez très haut ». (Coran, xvii, 4.)

Ainsi, l'antisémitisme perd-il son temps à vouloir arrêter les progrès des Juifs ! Ils ont été punis pendant deux éternités et on n'a plus rien à leur réclamer.

« Celui qui aura dit une parole contre le Fils de l'Homme, il pourra lui être pardonné, mais celui qui aura parlé contre le Saint-Esprit (les enseignements de Jésus) il ne lui sera pardonné ni dans ce siècle ni dans le siècle à venir (ni pendant mon règne ni pendant le règne suivant).,... Car comme Jonas est resté dans le ventre du grand poisson, trois jours et trois nuits, ainsi le Fils de l'homme sera dans le sein de la terre trois jours et trois nuits ». (S. Matth., xII, 32 et 40). C'est-à-dire, son règne à Lui, celui de Mahomet et celuï du Bab.

« Jésus leur dit : Abattez ce temple (mon corps) et je le relèverai dans trois jours. » (S. Jean, II, 19.) Vous voyez comment l'Evangile confirme la Bible, et le Coran, l'Evangile.

« Et pendant le règne de ces rois le Dieu des cieux suscitera un royaume qui ne sera jamais détruit. » (Daniel, II, 44.)

L'islamisme, après la mort de Mahomet, a été scindé en deux camps, les Sunnites : turcs, arabes, etc., et les Chiites : persans, partisans de Aly et de sa descendance. Ces derniers ont toujours été les plus faibles, c'est le pot de terre, par rapport au pot de fer. La pierre dont il est parlé dans ce chapitre est la pierre angulaire, le Verbe.

« Et depuis que le sacrifice continuel aura cessé et que l'abomination de la désolation aura été établie, il se sera passé 1290 jours. » (Daniel, XII, 11.)

Ces 1290 ans courent de la date à laquelle Mahomet a reçu sa mission, c'est-à-dire dix ans avant l'hégire, et l'an 1280 de l'hégire correspond à l'année 1863 de l'ère chrétienne, comme l'an 1325 correspond à l'an 1907.

V. « Jésus leur fit cette parabole : un homme planta une vigne, l'environna d'une haie, y creusa un pressoir, y bâtit une tour, la livra à des vignerons et partit en voyage. Dans la saison il leur envoya un serviteur, afin de recevoir d'eux du fruit de la vigne. Ils le battirent et le renvoyèrent sans lui rien donner. Il leur envoya un autre serviteur. Ils le renvoyèrent après l'avoir traité outrageusemement. Il leur envoya encore un autre, qu'ils tuèrent. Ensuite, il leur envoya plusieurs, ils battirent les uns et tuèrent les autres. Enfin, ayant un fils unique, il le leur envoya disant: Ils auront du respect pour mon fils. Ils se dirent : c'est l'héritier, tuons-le et l'héritage sera à nous. Ils le tuèrent et le jetèrent hors de la vigne. Que fera donc le maître de la vigne? Il viendra, fera périr ces vignerons et donnera la vigne à d'autres.» (S. Marc, xii, 1 à 9).

Le Père viendra donc, quant aux vignerons, nous savons déjà que le prestige des maîtres en Israël passé entre les mains du clergé tend à disparaître et c'est en vain qu'il cherche à le rattraper.

« Le désert et le lieu aride se réjouiront. Les hommes verront la gloire de l'Eternel et la magnificence de notre Dieu... Dites à ceux qui ont le cœur troublé : Prenez courage, voici votre Dieu ». (Esaïe, xxxv, 1 à 4.)

« Et l'Eternel des armées fera à tous les peuples sur cette montagne un banquet de choses grasses, moelleuses, de boissons bien purifiées. Il enlèvera l'enveloppe qu'on voit sur tous les peuples et la couverture étendue sur toutes les nations. Il engloutira la mort pour jamais et le Seigneur, l'Eternel essuiera les larmes de dessus tous les visages et il ôtera l'opprobre de son peuple de dessus toute la terre, car l'Eternel a parlé. En ce jour-là on dira : Voici notre Dieu... c'est ici l'Eternel... car la main de l'Eternel reposera sur cette montagne ». (Esaïe, xxv, 6 à 10.)

Si Esaïe voulait dire sans allégorie que Dieu viendra en chair et en os, aurait-il pu employer un langage plus clair !

« Et j'ai entendu une grande voix partant du trône qui disait: Voici la demeure de Dieu avec les hommes. Il demeurera avec eux. Ils seront son peuple et Dieu lui-même sera avec eux leur Dieu ». (Apoc, xxi, 3.)

« C'est lui qui a élevé les cieux (religions) sans colonnes visibles, et s'est assis sur son trône. Il a soumis le ciel et la lune et chacun de ces astres poursuit sa course jusqu'à un point déterminé. Il dispose tout et fait voir les signes, peut-être finirez-vous par croire avec certitude que vous serez un jour en présence de votre Seigneur ». (Coran, XIII, 2)

« S'attendent-ils à autre chose que de voir Dieu venir à eux dans les ténèbres d'épais nuages et accompagné de ses Anges ? C'est là un arrêt immuable et alors toutes les lois se rapporteront à Dieu ». (Coran, II. 206.)

VI. « Et vous verrez le Fils de l'homme assis à la droite de la puissance de Dieu et venant sur les nuées du ciel ». (S. Marc, XIV, 62.)

« Voici mon serviteur que je soutiendrai, mon élu dont mon âme se réjouit, j'ai mis mon Esprit sur lui, il exercera la justice parmi les nations... Il ne faiblira point et ne sera point brisé jusqu'à ce qu'il ait établi la loi sur la terre... Ainsi a dit Dieu, le Seigneur qui a créé les cieux et les a étendus, qui a embrassé la terre avec ce qu'elle produit, qui donne le souffle au peuple qui l'habite et l'esprit à ceux qui y marchent dessus. Moi, l'Éternel, je t'ai appelé pour la bienfaisance, je t'ai aidé et t'ai préservé. J'ai fait de toi une alliance pour le peuple et une lumière pour les nations. (Esaïe, XLII, 1, 4, 5, 6)

En Orient on donne des noms comme Abdulaziz, Abdulmadjid, qui signifient « le serviteur du Puissant, du Glorieux, et comme Saadullah, Fadlullah : Bon augure de Dieu, Faveur de Dieu, etc.

« Voici que j'amène mon serviteur le rameau ». (Zach. III. 8.)

VII. « Car si quelqu'un a honte de moi et de mes paroles, le Fils de l'homme aura honte de lui quand il viendra dans sa gloire, et dans la gloire de son Père ». (S. Luc, IX, 26.)

« Voici l'homme dont le nom est rameau, qui poussera de lui-même et bâtira le Temple de l'Eternel..... Il sera assis sur son trône et le sacrificateur sera également assis sur son trône, et un conseil de paix sera ténu entre eux deux. (Zach., vi, 12 et 13.)

«.Louange et honneur, gloire et force à celui qui est assis sur le trône et à l'Agneau ». (Ap. v, 13.)

« Salut à notre Dieu qui est assis sur le trône et à l'Agneau ». (Ap. vii, 10.)

.« Et celui qui est assis sur le trône a dit : Je renouvellerai toute chose. Et il m'a transporté en esprit sur une montagne grande et élevée, et m'a montré la ville sainte, Jérusalem, descendant du ciel, de chez Dieu..... Je n'y ai pas vu de temple, car son temple est le Dieu-Puissant et l'Agneau. Cette ville n'a besoin ni du soleil, ni de la lune pour l'éclairer, car la magnificence de Dieu l'a éclairée et son flambeau est l'Agneau ». (Ap. xxi, 5, 10, 22 et 23.)

Le texte arabe porte: (Bahaoullah : magnificence de Dieu, l'a éclairée). Jérusalem descendant de chez Dieu, c'est la loi qu'il aura donnée puisque les peuples devront suivre sa lumière. (Ap. xxi, 24)

« Il y aura dans la ville le trône de Dieu et de l'Agneau, et ses (non pas leurs) serviteurs l'y adoreront. Ils verront sa face et auront son nom écrit sur leurs fronts. (Apoc., xxii, 3, 4).

Je m'arrête ici pour les signes particuliers au règne de Dieu, déjà réalisés pour la plupart, mais il y en a d'autres à venir comme l'heureux événement que nous attendons dans 4 a 5 ans, le sang qui coulera sur les bords du Rhin et les gémissements de Berlin, la destruction de Babylone et du trône de la bête que verra la nouvelle génération, les conquêtes de l'Abyssinie, le tarissement du Nil et de l'Euphrate, l'anéantissement de Gog et de Magog, etc., etc.

« Le ciel et la terre passeront, mais ma parole ne passera point. » (S. Marc, xiii, 31.)

Pour tout citer, il faudrait copier une bonne partie de notre Ancien Testament, car il n'y a pas de Livre sacré dans le monde, aussi bien chez les Chinois que chez les partisans de Zoroastre, chez les Indiens que chez les Arabes, qui n'abonde en signes de ce règne, grand entre tous. Ce qui précède suffit cependant et au delà pour que le voile mis sur nos yeux soit levé, ainsi que Dieu nous l'a promis, comme nous l'avons vu plus haut.

Est-ce à dire que tous les signes réunis et d'autres encore constituent la preuve que l'Homme qui a déclaré être le Verbe, l'est en vérité? Non.

Le Verbe constitue par lui-même sa propre preuve. Le soleil qui n'en est qu'un pâle reflet, ne se révèle à nos sens que par ses rayons et la chaleur que produisent ses rayons. Le Verbe a pour rayons sa parole, ses enseignements, et pour chaleur, l'effet que produit cette parole. Mais ce sont là des preuves pour les plus avancés. Néanmoins, les autres signes généraux et particuliers servent à aider les faibles à reconnaître le Verbe qui s'est manifesté en dernier lieu et la preuve en est ainsi complète de la part de l'Être suprême.

L'Être, la nature intime du Verbe est infiniment au-dessous de la plus haute idée dont peut se faire le Verbe lui-même. Le contenu ne saurait concevoir le contenant. « Homme, connais-toi toi-même ». Ayant cependant voulu se communiquer aux hommes, les hommes parfaits, les Dieux se sont manifestés.

« Jésus leur répondit: .. votre loi a appelé Dieux ceux à qui la parole de Dieu était adressée ». (S. Jean, x, 34 et 35.)

« J'ai dit que vous êtes des Dieux. » (Ps. lxxxi, 6.)

Reflétant tous, l'Être Unique, chaque homme parfait,

chaque prophète est également l'autre. « Moi et mon père nous ne sommes qu'un ». (S. Jean, x, 30.)

Mais l'intensité de réflexion diffère de l'un à l'autre et c'est ainsi que Notre-Seigneur Jésus-Christ est plus grand que Salomon (S. Matth., xii, 42), qu'il est le Seigneur de David (S. Matth., xxii, 45) et que le Père est supérieur à Lui. (S. Jean, xiv, 28.)

Que l'homme parfait se déclare Fils de Dieu, Prophète ou Sage, sa parole étant celle de Dieu, elle est « Esprit et vie ». (S. Jean, vi, 64.)

C'est ainsi que l'âme immatérielle et qui n'a ni commencement ni fin, naît en celui qui est assez préparé pour la recevoir. De l'usage que chacun aura fait de cette naissance de l'esprit (S. Jean, iii, 6) dépend sa résurrection, sa renaissance ou son jugement, sa condamnation au jour où le Verbe se sera manifesté. « Celui qui écoute ma parole, et qui croit en celui qui m'a envoyé obtient la vie éternelle et ne sera point sujet à la condamnation ; il aura ainsi passé de la mort à la vie. En vérité, je vous le dis, l'heure viendra, où les morts entendront la voix du Fils de l'homme comme ils l'entendent en l'heure présente. *et ceux qui auront entendu cette voix vivront...* »

« Ne soyez pas surpris de cela car le temps viendra où tous ceux qui sont dans les sépulcres entendront sa voix et ceux qui auront fait de bonnes œuvres sortiront pour la résurrection de la vie comme ceux qui auront fait de mauvaises œuvres sortiront pour la résurrection de la condamnation. » (S. Jean, v, 24, 25, 28, 29.)

La raison principale pour laquelle le Verbe se manifeste est donc de faire entendre sa voix, c'est-à-dire d'amener les hommes à suivre les enseignements qu'il aura donnés, afin de leur faire faire un pas en avant dans la voie de la perfection. Mais la nouvelle loi est nécessairement en opposition avec les principes établis depuis des siècles, d'où une difficulté dont aucune force humaine ne peut triompher.

Jugez-en plutôt. Un homme qui ne se distingue en rien des autres se déclare être le Verbe de Dieu. C'est des fois un homme qui a assassiné ou dont le père est inconnu. Autant de nuages qui, avec bien d'autres, servent à distinguer les bons des méchants. Enfin, pauvre et sans prestige, il va jusqu'à prescrire ce que son prédécesseur, également Verbe de Dieu, avait interdit, et à interdire ce qu'il avait prescrit. La lapidation de la femme adultère qui était une bonne œuvre jusqu'à Notre-Seigneur Jésus-Christ, est devenue une mauvaise œuvre depuis. (Le bien consiste donc à suivre le dernier commandement de Dieu, et le mal est d'y transgresser, d'où l'avantage de suivre les derniers enseignements, qui sont plus en rapport avec le temps et le milieu.)

Tous les hommes de son temps, les grands surtout, sont contre lui. Quelques-uns, ordinairement très humbles, quittent la foi de leurs pères et le suivent. Les autres lui infligent les plus dures humiliations.

Il subit tout, la mort même avec une sérénité parfaite. Ceux qui l'auront suivi, d'illettrés qu'ils étaient deviennent des puits de sagesse. « Qui croit en moi, des fleuves d'eau vive couleront de lui comme l'Écriture le dit. » (S. Jean, VII, 38.) Ce ne sont plus les mêmes hommes. Leur transformation est si rapide qu'on pourrait la comparer à celle des métaux dont parlent les alchimistes. Ils convertissent à leur nouvelle religion des hommes qui passent pour être plus savants qu'eux. Les défauts de ces derniers se changent également en qualités ; la peur les quitte au point qu'ils courent au martyre avec joie, d'avares ils deviennent généreux et ainsi de suite.

Le mépris dont le nom du Verbe était entouré se transforme de jour en jour en titre de gloire. Les attaques dirigées à travers les âges contre la religion qu'il a créée n'ont servi qu'à la consolider. « Le ciel et la terre passeront, mais ma parole ne passera point. » Nous pouvons dire aujourd'hui à dix-neuf siècles de distance que les belles couronnes que se mettent les rois chrétiens et les prêtres sont le produit de la couronne d'épines de Notre-Seigneur Jésus-Christ.

De pareils résultats sont constants toutes les fois que le Verbe se manifeste, qu'il s'appelle Moïse ou Mahomet, Jésus ou Brahma.

Et dire qu'il opère toute cette transformation au moyen de sa seule parole !

Aussi Notre-Seigneur Jésus-Christ avait-il raison de dire à ses disciples : « Vous aurez des afflictions dans le monde ; mais prenez courage, j'ai vaincu le monde. » (S. Jean, xvi, 33.) Et ailleurs tandis qu'il était traduit comme un criminel devant ses juges : « Désormais le Fils de l'Homme sera assis à la droite de la puissance de Dieu. » (S. Luc, xxii, 69.)

Eh bien, c'est cette force surhumaine surtout qu'il s'agit d'observer. Lorsqu'il aurait rendu la vie à une personne enterrée depuis dix ans, ou qu'il aurait mis en deux le soleil, en admettant que ces actes nécessitent l'emploi d'une force égale à celle qui a servi à avancer l'humanité, ces actes auraient-ils été aussi utiles ?

Venons aux faits :

Le mercredi, 5 Djamad Awal 1260 — 22 mai 1844, Mirza Aly Mohamed, jeune homme de 25 ans, de la descendance du Prophète Mahomet, déclara à Chiraz, sa ville natale, qu'il était le Bab promis.

Le même jour est né à Téhéran, à Bahaoullah dont il sera parlé plus loin, son fils aîné, Abdulbaha Abbas, qui réside aujourd'hui à Saint-Jean-d'Acre.

Lorsque le Bab eût eu dix-huit adeptes, il leur donna le nom de « lettres de Haï. » (C'est un mot arabe qui signifie vivant et dont la valeur des deux lettres qui le composent est 18.) Il les envoya ensuite dans l'Iran et l'Irak annoncer aux Ulémas que le Bab s'était manifesté.

Avec la propagande commencèrent, comme on le pense, les persécutions des Babystes sur l'instigation des Ulémas, très influents à cette époque, qui ne voulaient pas reconnaître le Bab.

Vers la fin de la même année, à l'époque du pélerinage, il se rendit dans les Lieux-Saints de l'Islam et après avoir accompli les actes de dévotion selon l'usage, il se déclara être le Bab.

Les Ulémas de Chiraz et de Bouchir ont sans doute eu vent de la chose, attendu qu'à son retour à Bouchir, tandis qu'il se dirigeait vers Chiraz, les agents du Gouvernement l'ont rencontré sur la route et l'ont accompagné jusqu'à Chiraz. Là, le Gouverneur de la Province le fit garder à vue pendant quelques mois, lorsqu'une épidémie cholérique s'étant déclarée, il le relâcha à la condition de quitter la Province sans retard.

Il partit donc pour Isfahan après en avoir prévenu le Gouverneur de la Province de ce nom. Celui-ci lui fit donner, par égard, l'hospitalité chez l'Imam-el-Gomaa, de la ville, et invita les Ulémas à venir discuter avec le Bab afin de vider la question. Ceux de ces Ulémas qui n'avaient pas répondu à l'appel du Bab, et ils étaient de beaucoup les plus nombreux, refusèrent tous, cette proposition, sauf deux. Ils donnèrent pour raison qu'il ne leur est permis d'entrer en discussion que dans le cas de doute, tandis qu'ils sont parfaitement sûrs qu'il s'agit d'un dévoyé. Ils défendirent ensuite à qui que ce soit d'approcher le Bab, et le condamnèrent. Le Gouverneur fit semblant de l'envoyer à Téhéran sous escorte, en vertu d'un ordre impérial qu'il aurait reçu, mais à la faveur de la nuit, il le fit revenir secrètement chez lui. Ce Gouverneur étant mort quatre mois après, son neveu lui succéda et obtint l'ordre d'envoyer le Bab à Téhéran,

Celui-ci écrivit à Mohamed Shah que s'il voulait bien l'admettre en sa présence, il en serait satisfait et pourrait être guéri du mal incurable dont il est atteint à la jambe. Mirza Akasi, premier ministre du Shah, décida ce dernier à lui répondre qu'étant sur le point de partir en voyage, il valait mieux qu'il se rendît dans la Province d'Azerbayajan d'où il l'enverrait chercher à sa rentrée à Téhéran.

Avant donc d'arriver à Téhéran, le Bab fut dirigé sur le Fort de Makou où il était bien traité, et de là on l'envoya au fort de Jehrik sur l'instigation des Ulémas, d'où il vint à Tibriz, capitale d'Azerbayajan, où il était également mis à l'étroit, pour être interné de nouveau dans ledit Fort.

Dans l'entre-temps, Mohamed Shah meurt et Nasser-el-Din Shah monte sur le trône à la date du 10 septembre 1848 = Dimanche 12 Chawal 1264. Ce dernier, âgé de 19 ans, eut pour premier ministre, Mirza Taki Khan qui avait pour principe de tout dompter au moyen de la violence, sans se douter le moins du monde, que lorsqu'il s'agit de convictions, surtout religieuses, elle ne sert qu'à les raffermir et à augmenter le nombre de ceux qui les partagent au lieu de le diminuer.

Jusque là les persécutions dont souffraient les Babystes étaient surtout l'œuvre des Ulémas, tandis que les Gouverneurs des Provinces, usant de la grande latitude qui leur est laissée n'y prenaient qu'une part très minime, surtout que l'ancien Grand Vizir était fort perplexe, se prononçant tantôt dans un sens tantôt dans l'autre.

A partir de ce jour, le Gouvernement, grâce au nouveau premier ministre, se trouva parfaitement d'accord avec les Ulémas sur l'extermination des Babystes. Ceux-ci, privés des conseils du Bab qui était toujours en prison, crurent devoir se défendre. Mulla-Hussein, surnommé le Bat du Bab, pour avoir le premier répondu à l'appel du Bab, fut attaqué chez lui à Khorassan par la populace. L'ayant repoussée à l'aide de ses partisans, le commandant des troupes lui proposa de le laisser partir avec ses hommes et leurs armes s'ils voulaient quitter la province. Ils partirent donc pour Barferouche. Là, ils furent attaqués par la populace sur l'instigation de Saïd-el-Uléma et eurent quelques morts. Ils se concertèrent alors pour quitter la contrée et partirent pour Amrache accompagnés de quelques hommes de troupes pour leur indiquer le chemin. Arrivés dans une forêt près de Sari, capitale de Mazendaran, ils se disposaient à se disperser lorsqu'ils entendirent des coups de feu et virent quelques-uns des leurs jonchant le terrain. Mulla Hussein, ayant compris le truc, rassembla ses hommes dont quelques-uns seulement savaient se servir des armes, et se réfugia avec eux dans un cimetière qu'il convertit en fort. Il put ainsi infliger plusieurs défaites aux troupes malgré les renforts en hommes et en canons qu'elles ont reçus dans l'intervalle. Leurs provisions épuisées, les Babystes ont été réduits à manger la viande et les os des chevaux et à boire de l'eau saumâtre. Enfin ayant perdu leur chef, le Mulla-Hussein, ils acceptèrent la proposition du commandant de se rendre avec leurs armes après que lui et le Vali auront juré, le Coran cacheté en mains, qu'aucun mal ne leur sera fait. Le pacte conclu, tandis qu'ils se disposaient à prendre la nourriture qu'on leur avait préparée, ils furent fusillés à bout portant par les troupes sauf un tout petit nombre qui furent envoyés à Sari où on les exécuta.

Les mêmes faits se répétèrent à Zanjan et à Niriz de Perse. Les exécutions partielles partout ailleurs en Perse ne se comptaient pas, mais de Babystes, il y en avait toujours. Le premier ministre croyant pouvoir finir avec le Babysme par la mort du Bab, ordonna, sans l'assentiment du Shah, porté plutôt à la prudence, de le faire fusiller.

On l'emmena donc du fort de Jehrik à Tibriz où il fut suspendu sur la place attaché avec des cordes. Un régiment arménien composé de 800 hommes tirent.

Les cordes se rompent et le Bab n'est pas atteint. La fumée de la poudre est intense et on finit par trouver le Bab, dans la caserne, au mur de laquelle on l'avait suspendu, en train de parler avec un de ses adeptes qui l'avait accompagné. Emmené de nouveau sur la place on l'entend parler et on croit qu'il aurait dit : La preuve de la part de Dieu est maintenant complète; vous pouvez faire de moi ce que vous voulez. »

On le suspend de nouveau et on met par terre au-dessous de lui son serviteur, Mohamed Aly. La tête de ce dernier était près la poitrine du Bab. On invite le commandant du régiment arménien à donner ordre à ses troupes de tirer. Il s'excuse. Il y avait là un autre régiment kurde. Il tire. La poitrine de Bab fut transpercée de balles mais la face était à peine éraflée. Son serviteur tombait à ses pieds.

Cette exécution eut lieu le lundi 28 chaban 1266 = 8 juillet 1850. Le Bab était né le mardi 1ᵉʳ moharrem 1235 = 19 octobre 1819.

On laissa leurs corps sur le sol et le lendemain le consul de Russie a pu en prendre le croquis. Le surlendemain, des Babystes vinrent à Tibriz, et grâce au concours du maire ils purent emporter ces corps qui sont aujourd'hui en lieu sûr.

Le Bab disparu, le Babysme prit, à la stupéfaction du premier ministre, un nouvel essor. Les persécutions continuèrent donc avec plus d'acharnement lorsqu'un jeune homme qui était au service du Bab, eut en 1268 = 1852 la malencontreuse idée de venger la mort de son maître sur la personne du Shah. Heureusement que pour mettre ce projet, qui est une tâche dans l'histoire du Babysme, en exécution, il n'ait employé qu'un pistolet chargé de petits plombs, de sorte qu'il n'a pu que blesser le Shah.

Ce fut tout de même le signal d'un soulèvement général contre les Babystes, et avec l'assentiment du Shah cette fois, on en emprisonnait et tuait à droite et à gauche sans la moindre enquête. Au nombre des victimes était même une femme du nom de Korrat-el-Aïn qui fut étranglée et jetée dans le puits d'un jardin privé à Téhéran. A un autre Babyste du nom de Hadji Soliman-Khan, on mit des bougies allumées dans des incisions pratiquées sur son corps, jusqu'à ce qu'il mourût ainsi brûlé. Enfin, dans les seules années de 1267 et 1268 = 1851 et 1852, près de quatre mille Babystes trouvèrent la mort d'une façon plus ou moins atroce.

Mais l'attentat précité marqua l'entrée en scène de Bahaoullah. Retournons un peu en arrière pour la clarté du sujet.

Bahaoullah, de son nom Mirza Hussein Aly, est né à Téhéran le mardi 2 moharrem 1233 = 11 novembre 1817. Son père Mirza Abbas Bozork-el-Nouri, d'une famille très connue en Perse, était un des grands ministres de Fath-Aly-Shah.

Le Bab dès la première heure avait eu soin de répéter à ceux qui voulaient l'entendre, que Bab ou Mahdi, le nom importait peu, il n'était qu'un rayon du soleil de la Vérité qui se trouvait au milieu d'eux; qu'il en était mû et s'en inspirait, et qu'enfin, ils verraient ce soleil après « Hin ». C'est un mot arabe qui signifie temps et la valeur des trois lettres dont il se compose est 68. Il voulait donc dire après 68, c'est-à-dire après l'an 1268, soit l'an 1269. Pour ne pas laisser le moindre doute sur l'objet de sa mission, il écrivit dans ses livres, « qu'il est l'annonciateur de la manifestation prochaine du sauveur glorieux et de l'entrée du monde dans une phase nouvelle ».

Et de fait, dès que Bahaoullah eut eu connaissance de l'attentat commis en 1268=1852, il partit immédiatement à la rencontre du Shah qui était en villégiature près de Téhéran. Aussitôt arrivé, on le mit en prison, chargé de fers et on confisqua ses biens sur l'instigation d'un ennemi de sa famille qui faisait partie de la suite du Shah. S'agissant toutefois d'un personnage très connu, fils d'un ancien ministre, on ne put faire à moins que de l'interroger devant un tribunal composé de ministres. Il leur dit que tout le monde le connaît pour un homme intelligent, que s'il avait voulu faire commettre cet attentat dont il n'est d'ailleurs pas accusé par le coupable, il aurait su mieux s'y prendre, et qu'enfin cet attentat ne peut être que l'œuvre d'un jeune homme exalté et non le résultat d'un complot.

On le relâcha donc après l'enquête qui a duré près de quatre mois et on lui proposa de lui restituer quelques biens. Ayant trouvé qu'il n'aurait plus assez pour continuer à habiter Téhéran, il demanda l'autorisation d'aller dans le Irak. Il fut escorté dans sa route par des soldats persans et des cosaques de l'ambassade de Russie, et arriva à Bagdad le jeudi 1er moharrem 1269=14 octobre 1853.

En dehors de sa famille, quelques Babystes l'ont accompagné à Bagdad ou suivi, d'autres s'y trouvaient déjà et tout le monde croyait ainsi pouvoir échapper en pays ottomans aux persécutions dont ils étaient l'objet en Perse. Il n'en était rien, les Ulémas persans à Bagdad les faisaient persécuter de plus belle et envoyaient contre eux en Perse rapports sur rapports. Leur inimitié avait d'autant plus de prise que beaucoup de Babystes étaient tombés dans la dépravation. Privés du Bab qu'ils n'avaient même pas vu pour la plupart, n'ayant pas en mains ses enseignements, bien qu'il eût laissé à sa mort une vingtaine de volumes écrits à la main, mais non imprimés, à cause des persécutions, et une quantité infinie de missives, ils ont cru qu'il n'y avait plus rien d'illicite.

Enfin, dès son arrivée à Bagdad, Bahaoullah commença à les redresser, mais deux ans plus tard, il quitta Bagdad à l'insu de tout le monde et s'en alla dans le mont de Sargalou de la chaîne de Solimanieh où il s'établit dans une grotte.

Lui parti, la plupart des Babystes retombèrent encore plus bas dans la perversité. Quelques-uns voyant que leurs coreligionnaires étaient si dépravés ont cru avoir fait fausse route et sont retournés à la foi de leurs pères, et les autres enfin attendaient tranquillement la réalisation de la promesse du Bab qui ne devait plus tarder longtemps.

Les choses allaient de ce train lorsqu'une circonstance fortuite fit découvrir le lieu de retraite de Bahaoullah. On alla donc le prier de rentrer et il revint à Bagdad après deux ans d'absence. Il était temps, car sa présence était devenue bien nécessaire pour les Babystes. Il commença de nouveau à les mettre dans la voie droite, mais à mesure qu'ils s'amélioraient la haine des Ulémas augmentait. Il n'y avait plus de vices à leur reprocher, mais leurs croyances, ce qui était aux yeux des Ulémas plus impardonnable. Voyant que les Babystes augmentaient en nombre et en force, les Ulémas persans de Bagdad, d'accord avec leur consul ont décidé en secret de convoquer les Ulémas du voisinage pour décider l'extermination de tous les Babystes en un jour donné. Le plus grand Uléma de la contrée, Sheikh Mortadi, convoqué sans savoir le pourquoi, dit à ses collègues que n'ayant pas reconnu la fausseté de la religion babyste faute d'examen, il ne pouvait pas prendre part à leur décision. Son refus fit avorter le projet et les porta à inciter avec plus d'acharnement le peuple à persécuter les Babystes au point que beaucoup de ces derniers ont opté pour la nationalité ottomane afin d'échapper aux coups de leurs ennemis.

Les choses s'envenimaient tous les jours davantage à mesure que les Babystes devenaient de taille à se défendre. Bahaoullah craignant un soulèvement des uns contre les autres, malgré ses recommandations aux Babystes de se tenir toujours calmes, pria l'Ambassadeur de Perse à Constantinople d'aviser. Les Ulémas de leur côté ne cessaient pas d'envoyer des rapports au Gouvernement de Perse contre les Babystes.

Cet état continua quelque temps encore et finalement, sur la demande de la Perse, à l'Empire Ottoman, Bahaoullah fut mandé à Constantinople.

En quittant Bagdad, Bahaoullah se rendit tout près dans le jardin de Negib Pacha où il resta douze jours, du 3 au 14 zilkède 1279 = du 21 avril au 2 mai 1863. Pendant ces douze jours il proclama pour la première fois ses enseignements à ses amis.

Après quelques mois de séjour à Constantinople, on l'envoya à Andrinople qu'il appela « Terre du mystère ». Il y arriva en rajab 1280 = décembre 1863, et déclara tout de suite à qui voulait l'entendre qu'il est l'Educateur du monde attendu par le monde. C'est là qu'il écrivit ses missives dans ce sens à Pie IX, à Napoléon III, à la Reine Victoria, au sultan Abdulaziz, à Nasser-el-Din Shah, etc, etc., et attendit le moment opportun pour les leur envoyer.

Les Babystes dont les persécutions n'avaient servi qu'à en augmenter le nombre, prenaient par masses le nom de Bahaïs. De nouvelles conversions se faisaient même parmi les partisans de Zoroastre, les chrétiens et les Juifs que les persécutions atroces depuis les premiers temps de l'Islam jusqu'à nos jours n'avaient pas fait renoncer à la foi de leurs pères. On aurait dit que la perspective de nouvelles persécutions les attirait.

Enfin, la Sublime Porte finit par se décider à envoyer Bahaoullah avec les siens, à Saint-Jean-d'Acre, sur la demande de la Perse.

Il y arriva le 12 djamad amal 1285 = 30 août 1868, donna à cette ville le nom de « Terre de celui à qui on s'adresse » et envoya tout de suite après, au Pape et aux souverains, les missives qu'il leur avait préparées vers les derniers temps de son séjour à Andrinople.

Dans la missive au Shah, Bahaoullah développait toute sa doctrine, et il la lui envoya par Mirza Badii Khorassani qui savait cependant ce qui l'attendait. Il partit de Saint-Jean-d'Acre à Téhéran à pieds et remit, en présence du Shah qui se trouvait en villégiature tout près de Téhéran, la missive dont il était porteur pour lui.

Bien que le Shah ne fût pas d'avis d'employer une sévérité excessive envers le messager, son entourage le décida à lui faire subir des souffrances atroces et enfin la mort. Le voyant très calme au cours de ces souffrances on finit par prendre sa photographie dans cet état. Cette photographie existe.

Peu de temps toutefois après ce martyre, le Shah ne voulait plus entendre parler d'exécution de Bahaïs. Depuis cette époque le Gouvernement central de Perse les protège même plutôt, ce qui n'empêche pas les Ulémas d'en faire tuer par-ci par-là, et ces exécutions partielles se continuent jusqu'aujourd'hui et se continueront demain.

Bahaoullah continuait aussi à asseoir le Bahaïsme de concert avec Abdulbaha Abbas, son fils aîné, qu'il appelle dans ses livres « Le rameau qui procède de ce Lignage Ancien ». Il engagea par testament les Bahaïs à se rapporter à lui dans la suite, ce qui a eu pour conséquence que son frère d'un autre lit, Mirza Mohamed Aly, lui voua une haine aussi implacable que celle que son oncle, Mirza Yehya Azal, voua à Bahaoullah.

Dans ses livres, qui forment plusieurs volumes, il a fait une loi civile, politique et religieuse complète. Rien n'y est omis depuis l'arbitrage obligatoire entreles nations en cas de différend jusqu'aux soins de toilette et de propreté. Les questions sociales les plus ardues sont tranchées, et rois et citoyens n'ont qu'à suivre la loi qui assure aussi bien le bonheur aux grands qu'aux petits. A sa mort, survenue à Saint-Jean-d'Acre, le samedi 2 Zilkédé 1309 = 28 mai 1892, il n'avait rien, absolument rien laissé en suspens, sauf en quelque sorte, les règlements purement locaux et qui doivent nécessairement différer d'un pays à l'autre.

Depuis lors, Abdulbaha Abbas édifia le Bahaïsme qui devient tous les jours plus florissant. De Bahaïs, il y en a aujourd'hui dans le monde entier, même en Chine et aux Indes. C'est naturellement en Perse où il y a le plus grand nombre, mais il y en a partout en Amérique e dans toutes les grandes villes d'Europe. Cependant, en Perse, les Bahaïs se recrutent tout le long de l'échelle sociale, tandis qu'en Amérique et en Europe, c'est surtout dans le plus grand monde. Et dire que tout cela s'est fait en si peu de temps !

Maintenant, si le Père n'est pas encore venu pour l'établissement de son règne et celui de l'Agneau, quand viendra-t-il et à quels signes le reconnaîtrons-nous ?

La réponse viendra toute seule à celui qui, se détachant de tout ce qu'il aura appris par lui-même ou des autres, suppliera sincèrement Dieu de l'éclairer. C'est du moins la voie que j'ai suivie.

GABRIEL SACY.

Le Caire, le 12 juin 1908.

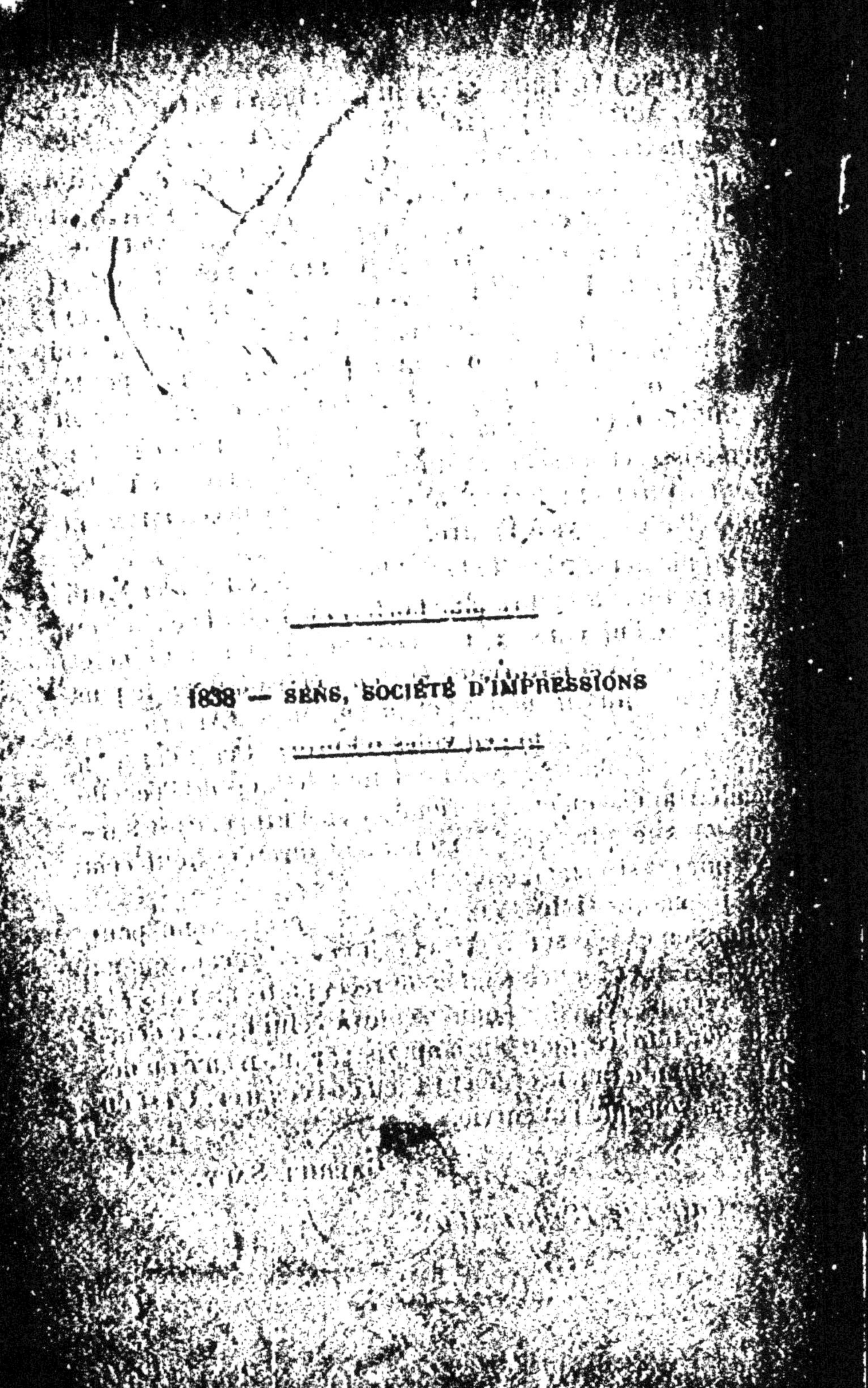

1838 — SENS, SOCIÉTÉ D'IMPRESSIONS